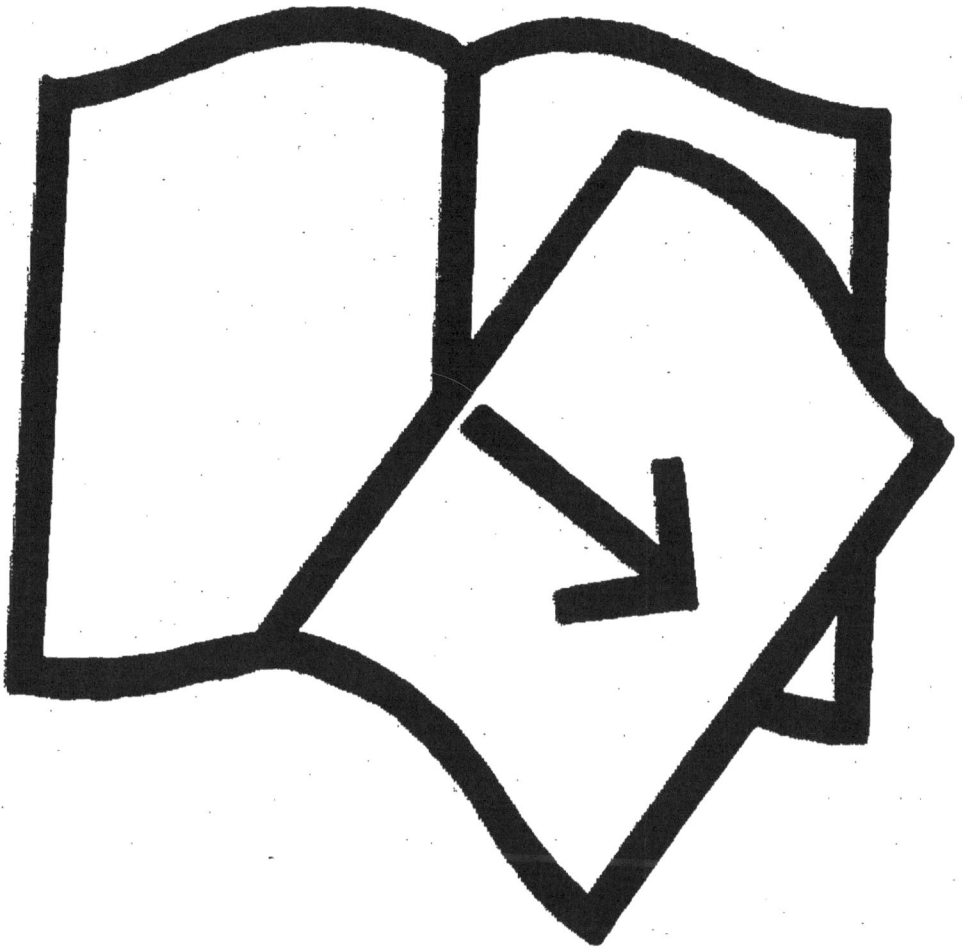

Couvertures supérieure et inférieure
manquantes

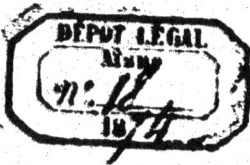

PROMENADES

DANS LE

VERMANDOIS

PROMENADES

DANS LE

VERMANDOIS

⊷•◆•⊶

I

LE CHEMIN DES BANNIS — THORIGNY — LEHAUCOURT
MAGNY-LA-FOSSE
NAUROY — LA CORDE « ED LEUNE »
L'ANCIEN SOUTERRAIN

———

Par J. MALÉZIEUX

SAINT-QUENTIN
LIBRAIRIE DU *VERMANDOIS*

1874

EXTRAIT DU *VERMANDOIS*

Promenades dans le Vermandois

I

LE CHEMIN DES BANNIS — THORIGNY — LEHAUTCOURT — MAGNY-LA-FOSSE — NAUROY— LA « CORDE ED LEUNE » — L'ANCIEN SOUTERRAIN.

—

Par un matin de beau temps, à la première fanfare du coq, quand les vapeurs de la nuit commencent à se dissiper sous les rayons du soleil levant, vous bouclez vos guêtres, et, le carnet en poche, le bâton à la main, respirant à longs traits l'air que n'a pas vicié la fumée de la ville, vous cheminez pédestrement dans le premier sentier où le hasard vous mène. Il se peut que ce sentier s'appelle, par exemple, le *Chemin des bannis*. Si vous vous engagez dans ses ornières, et si vous prenez le premier chemin qui le prolonge, à gauche, vous arriverez, non sans fatigue, au hameau de *Thorigny*.

Mais d'abord, vous vous êtes demandé ce que veut dire ce nom : *Chemin des bannis*. Le nom n'est pas gai, et le chemin non plus. C'est par là que s'en allaient autrefois les criminels que la justice de nos pères avait condamnés à sortir de Saint-Quentin pour n'y plus jamais rentrer : *Au bannissement.* Là ont passé bien des pauvres diables que des jugements parfois sévères forçaient à s'expatrier. M. Ch. Gomart a publié la liste d'un certain nombre de ces bannis, parmi lesquels nous remarquons un *Jehan Taverniers*, de Thorigny « *bannis a tousiours hors de la vile et de le banlieue, pour Raoulin le Nain de Noucroi, cui il feri d'un coutel dessous lespaulle derrière dont chius Raoulin morut. Ce fut fait en lan de l'Incarnation* MIL CC *et* LXXVII *en mois de novembre.* »

Le hameau de Thorigny que vous rencontrez bientôt, fut autrefois, paraît-il, une commune assez importante, ayant sa chapelle et sa paroisse jusqu'au XVIe siècle, époque à laquelle Lehautcourt, jusque-là dépendance de Thorigny devint la mère-commune.

Thorigny ne présente plus d'intérêt, aucun vestige ancien ne frappe le regard ; un calme constant règne dans l'unique rue où le voyageur paraît être considéré comme un phénomène.

De Thorigny à Lehautcourt, il n'y a qu'un côteau à descendre. On traverse, avant d'entrer dans le village le canal de Saint-Quentin, dont la tranchée à ciel ouvert surélevée encore par les cavaliers boisés, présente un aspect plein de grandeur et de mélancolie.

Mais, voici Lehautcourt. C'est un village très-

pauvre, qu'aucune route fréquentée ne traverse. Il
y a, auprès d'un abreuvoir, sur une espèce de place
publique, un énorme tilleul qu'on affirme être un
arbre de la liberté ; mais il est certain que son âge
a dû lui permettre d'assister, déjà vieux, à la grande
épopée de la révolution. Peut-être est-ce un de ces
jalons plantés par Cassini pour sa carte de France.
Peut-être est-ce tout uniment un arbre que l'indif-
férence ou l'absence de propriétaire a respecté.

Non loin de cet arbre s'élève la modeste église
du village. Le portail qui ne manque pas d'un certain caractère est surmonté de deux arcades à jour
qui devaient contenir autrefois de petites cloches
carillonnant à l'air libre. A présent, les cloches
sont dans le comble de l'église. Le portail a dû être
construit au xviᵉ siècle. Le mur de la nef au nord
contient des arcades ménagées de façon à permettre un agrandissement dans l'avenir ; agrandissement devenu maintenant problématique.

Sous les maisons du village, il existe une quantité
de petits souterrains s'entrecroisant et aboutissant
à des salles assez spacieuses. Ce sont des caves de
guerre, que justifie très-bien la proximité de l'ancien château-fort du «Tronquoi», lequel fut souvent
et bien ravagé. Les habitants du pays nomment ces
souterrains: *Les muches,* mot essentiellement picard
qui veut dire : cachettes.

Un chemin creux qui passe derrière les dernières
maisons du village conduit à *Magny-la-Fosse,* village aussi peu important et qui doit son surnom à
sa situation au fond d'une vallée en forme d'en-

tonnoir. Avant de descendre au village, on trouve
à sa droite un délicieux petit bois pittoresquement
accroché au revers du côteau. Il existe dans ce bois
un hêtre de dimensions considérables. Il mesure
environ quatre mètres de circonférence à la base.

Un ancien rendez-vous de chasse, ou salle de
verdure, situé au milieu du bois, et auquel on ar-
rive par un petit chemin très-raide, est appelé
dans le pays *la Bouteille*. Aucun surnom n'est
mieux justifié.

Il y a à Magny-la-Fosse un groupe de vieilles
maisons actuellement à usage de ferme, qu'on dé-
core du titre pompeux de *château*. En effet, ce logis
fut la demeure des seigneurs du pays et il a con-
servé encore intérieurement quelques vestiges d'un
vaste campagnard aujourd'hui suranné.

Près du « Château » est l'église, qui fut autrefois
probablement intéressante, à en juger par les
quelques fragments de profils que conservent les
contreforts ; mais le goût des belles choses ayant
fait des progrès dans notre siècle, on a jugé conve-
nable, il y a quelque quinze ou vingt ans, de la doter
d'un pignon d'entrée superbement traité en briques, avec de petites saillies, de petits bandeaux,
des chapiteaux, des pilastres, des ornements, le
le tout aussi en briques pour le plus grand bien de
l'architecture.

De Magny, il nous faut reprendre notre course à
travers champs, dans un chemin qui ressemble
beaucoup, vu sa largeur, à ce que les paysans ap-
pellent *voyette* ou *pièce-entre*. Ce chemin, après nous

Magny-le-Désert.

avoir fait faire l'ascension et la descente du *Blanc-Mont* (c'est le nom donné à une colline marneuse) nous conduit enfin à *Étricourt*, avant-dernière étape de votre voyage.

Etricourt ! quel charmant paysage pour un peintre. Ce n'est pas que ce modeste hameau présente le pittoresque et l'inattendu qui séduisent et émerveillent les yeux ; mais, sous une touffe de grands arbres, c'est une mare dormante où naviguent majestueusement les canards et les oies ; c'est, sous une ombre tranquille, le toit de chaume des maisonnettes et des granges ; c'est un ensemble plein de calme et de fraîcheur, des buissons veloutés, de l'herbe verte et haute.

Etricourt, comme Thorigny, ne fut pas toujours un hameau réduit à l'état de lieudit ou de dépendance. C'était autrefois un chef-lieu de paroisse et de seigneurie, et Nauroy, qui est aujourd'hui et depuis longtemps un gros village, n'était qu'une dépendance d'Etricourt. Il est vrai que ce hameau possédait alors une abbaye dont les derniers vestiges ont disparu, à l'exception de caves anciennes qui subsistent encore.

Autrefois, les morts de Nauroy étaient enterrés à Etricourt, et du souvenir des funèbres cortèges qui y passèrent si longtemps, le chemin que vous allez prendre pour gagner votre dernière étape a gardé le nom de *chemin des morts*.

Voici le Calvaire, à l'angle de cette vieille chaussée romaine que Brunehaut a réparée en lui laissant son nom. Enfin, voici *Nauroy*.

Nauroy est placé à une altitude assez élevée et occupe le sommet d'un côteau. Ce doit être un village très-ancien, et probablement une station romaine.

En effet, à différentes époques, des fouilles, accidentelles ou faites à dessein, ont amené la découverte de corps placés régulièrement et munis de la poterie traditionnelle. L'un d'eux avait une épée. On a trouvé également des cercueils en pierre ; mais nous avons le regret d'annoncer que plusieurs de ces cercueils, après avoir servi pendant quelque temps d'auges à pourceaux, servent actuellement de caniveaux pour l'écoulement des eaux. De nombreuses pièces de monnaie en bronze, la plupart très-frustes et surtout de petit module ont été mises à jour.

Lors de la construction de la fabrique de sucre, on découvrit un ancien puits sur le bord de la chaussée Brunehaut. Ce puits est de construction romaine. On découvrit aussi, paraît-il, un objet excessivement rare et curieux : *une cloche carrée, munie de son battant.* Malheureusement, le *peu de valeur* d'une pareille trouvaille fit qu'on la rejeta dans les tranchées de fondation, où elle se trouve encore, probablement.

Un squelette, littéralement environné de poteries disposées en cercle autour de lui, fut aussi mis à jour. Les poteries ont été brisées, et cela se comprend, vu le prix réellement modique de nos poteries modernes.

Ces différentes découvertes suffisent néanmoins

NAUROY

fac-similé de la Signature de Laurent de Champrosay, maire de la commune sous la Révolution

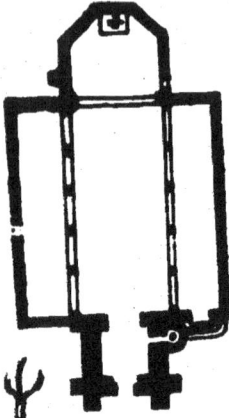

Plan de l'eglise

Vue de la tour

à établir, d'une façon à peu près certaine, l'existence de Nauroy comme station romaine. Il ne paraît pas cependant, qu'il ait été élevé de retranchements en terre.

Quoi qu'il en soit, il est fait mention de Nauroy dans la relation du martyre de Saint-Quentin.

Nauroy, ou Nouroi, ou Noroi, ou Norroi, ou Nauroir, ou Noroir, ou Nouroë, ou Noueroi, ou..... (il y en a encore beaucoup, dont nous vous faisons grâce) Nauroy donc, est un village possédant actuellement 1,300 habitants. Il possède une église sous le patronage de Saint-Léger, dont la tour, du xvᵉ siècle, a été tronquée et surmontée d'une flèche en ardoises. La nef et les bas-côtés sont modernes.

Dans la première année du *Vermandois* (p. 32.) nous avons dit un mot d'une pierre servant dans le pavage de la tour et ayant été le scellement du pied d'un pilori.

Mais ce que nous n'avons pas raconté, c'est la légende du pays, laquelle eut pour cause un puits, suivant les uns, l'église suivant les autres. Nous voulons parler de la « *corde ed leune* », fameuse entre toutes celles de son espèce.

Voici comment la chose se raconte, abstraction faite de la tournure narquoise que donnent l'accent et le dialecte picards, tous deux intraduisibles en français.

Donc, à une époque que les historiens locaux ne précisent pas, il y avait un puits suivant les uns, l'église suivant les autres, qui n'était pas à une place au goût de la majorité des habitants. On ré-

fléchit, on s'assembla, on rumina cent projets, afin
d'arriver à changer de place, par les moyens les
plus économiques, le puits, suivant les uns, l'église,
suivant les autres.

Après bien des débats et des controverses, un
plus avisé proposa de confectionner immédiate-
ment une bonne et solide corde en laine que l'on
attacherait au puits (ou à l'église), puis tous les va-
lides de l'endroit se mettraient à tirer à qui mieux
mieux afin d'amener l'objet à déplacer à l'endroit
désigné.

En vérité, les historiens qui racontent de pa-
reilles choses font bon marché de l'intelligence de
nos bons aïeux ! toujours est-il que la légende affirme que la corde fut attachée ; que les poignets
solides, se mirent à tirer dessus.... oh ! hisse ! oh !
hisse !... que la corde s'allongea, s'allongea, si bien
que mes gaillards se disaient : elle (ou il) mar-
che !.... La légende ajoute encore que la corde s'allongea tant, qu'elle cassa, et que les ingénieux
inventeurs de ce nouvel engin de locomotion
tombèrent comme un château de cartes.

La chose se raconte encore à Nauroy ; seule-
ment, les habitants, lorsqu'on leur demande des
nouvelles de la « *Corde ed leune !* » vous répon-
dent finement qu'il l'ont « *reveindue à ces geins
d'Bony.* »

Il y a à Nauroy un temple protestant construit
en briques et pierres il y a cinq ou six ans. La
population comprend environ un tiers de Pro-
testants.

Près de l'église, se trouve ce qu'on appelle « le château » sur le cadastre. Le susdit château n'existe plus. Il fut longtemps la propriété de M. Laurent de Champrosay, lequel, durant la révolution s'appelait « le citoyen Laurent » maire de la commune. Avant lui, la seigneurie de Nauroy appartenait à Mademoiselle Louise Antoinette de Monchy d'Hocquincourt, descendante du fameux maréchal d'Hocquincourt, laquelle laissa à son héritier présomptif, le chevalier Du Tertre de Nielles une succession telle, que celui-ci s'empressa d'y renoncer par acte devant notaire, la « dite succession lui étant plus onéreuse qu'utile. »

Sous une partie de Nauroy passe le canal souterrain, creusé par Laurent et qui fut abandonné lorsqu'on se décida enfin pour le projet de l'ingénieur *de Vicq*.

Lors de la construction de la fabrique de sucre, la difficulté d'obtenir de l'eau engagea à faire des recherches pour alimenter d'une façon certaine cette importante usine. On découvrit un ancien puits communiquant avec le souterrain. Après avoir exploré la galerie, on constata que l'eau s'y renouvelait constamment par des sources, et que cette eau était très-limpide. Une machine a été installée pour alimenter la fabrique à l'aide de ce réservoir.

Il y a à Nauroy un autre château qui subsiste encore, quoique délabré et inhabité. C'est une petite maison autrefois habitée par M. Gayant, ingénieur des Ponts et Chaussées, chargé de la direction des travaux du canal souterrain. Le parc est plein de beaux arbres et ne manque pas de caractère.

Les puits de Nauroy, suivant un type répandu dans le pays, étaient protégés extérieurement par de grandes dalles posées de champ et recevant une toiture composée de deux dalles inclinées en forme de comble. La *seille* était montée à l'aide d'un treuil, d'une profondeur de près de cinquante mètres. Aussi, on ne se procurait de l'eau qu'au prix d'une fatigue assez grande. Grâce à l'initiative et à la générosité de M. Couturier, le peintre auquel on doit tant de si gracieux poëmes de basse-cour, cet état de choses vient de disparaître. Un système de pignons et d'engrenages a été installé de façon à ce qu'un enfant puisse faire seul ce que deux hommes pouvaient à peine effectuer auparavant.

Il y a encore des picards à Nauroy, parlant picard, comme si la race et la langue ne devaient pas disparaître par le contact des villes.

Voici quelques noms de Seigneurs de Nauroy d'après M. Melleville :

1173. Pierre de Nouroy.

1179. Anselme de Nouroy. Liciarde, sa sœur.

1190. René de Nouroy.

1218. Simon de Nouroy chevalier.

1222. Manassés de Nouroy ; femme Elvide.

1227. Guy, leur fils, Seigneur de Nauroy et Beauvoir ; femme, Gode ; enfants : Manassés, Jacques ou Jacob.

163. Michel de la Pasture, Seigneur de Nauroy.

En dernier lieu, la terre de Nauroy appartenait à la famille de Monchy et non de Mouchy comme le dit M. Melleville.

L'érection de la commune en paroisse date de 1420.

Les registres de l'état-civil font mention d'un divorce à la date du 23ᵉ jour de Thermidor an X, et d'une adoption.

Un curé de Nauroy, Antoine Bongendre, qui exerça son ministère de 1693 à 1735, mourut « subitement, le 20 juillet 1735, après avoir langui quatre mois » (sic) et fut enterré dans le chœur de l'église. En 1743, le 9 octobre, on inhuma également dans l'église, au bas de la nef près les fonts baptismaux le corps de Marguerite Boitel, épouse de François Lhomond, laboureur.

Ce sont les seules inhumations faites dans l'église dont il soit fait mention.

La population est composée en grande partie de tisserands, occupés à fabriquer les articles brochés dits articles de Saint-Quentin.

Saint-Quentin. — Imprimerie Ch. POETTE, rue Crotz-Belle-Porte, 19.

l

www.ingramcontent.com/pod-product-compliance
Lightning Source LLC
Chambersburg PA
CBHW061808040426

42447CB00011B/2535